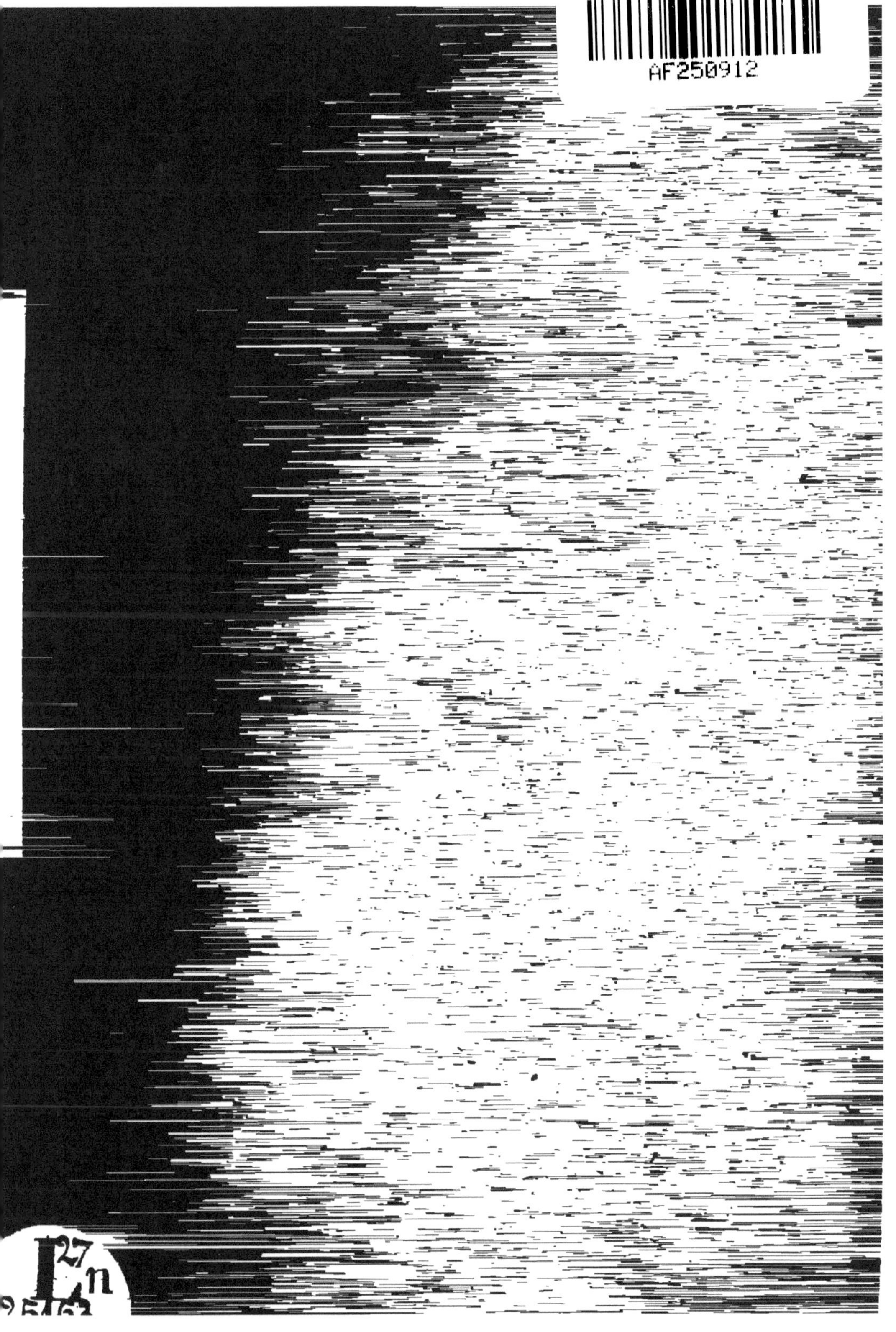

# LAMARTINE

ÉTUDE

## Par l'abbé P.-G. DEYDOU

PROFESSEUR DE RHÉTORIQUE AU PETIT-SÉMINAIRE DE BORDEAUX.

DISCOURS PRONONCÉ A LA DISTRIBUTION DES PRIX, LE 3 AOUT 1869.

PRIX : 50 CENTIMES.

BORDEAUX

IMPRIMERIE DE LA GUIENNE (Bᵗ Vᵉ J. DUFUY)

rue Gouvion, 20

—

1869

Éminence *,

Monseigneur **,

Messieurs,

L'année scolaire qui touche à sa fin a été attristée par
de grands deuils. La France et les lettres ont fait deux
pertes cruelles ; l'éloquence et la poésie ont payé tour à
tour leur tribut à la mort. Et notre siècle, qui, en vieillis-
sant, se dégoûte de ses plus chères idoles, notre siècle
oublieux et distrait s'est réveillé pourtant à ce glas funèbre ; il a eu des larmes pour Berryer et pour Lamartine,
comme ces vieillards qui s'attendrissent au souvenir des
enchantements de leur jeunesse, et soupirent en compa-
rant le présent au passé.

Au premier de ces deux noms, hommage d'admiration
et de respectueuse estime ! Nous aurons à le prononcer
dans le cours de cette Étude ; contentons-nous en ce moment de saluer l'unité d'une belle vie, les magnificences
d'une belle mort, et passons.

(*) S. Em. le Cardinal Donnet, Archevêque de Bordeaux.
(**) Mgr Gazailhan, ancien Evêque de Vannes.

Au second, hommage de compassion douloureuse et de regret sympathique ! Alphonse de Lamartine, pour la génération contemporaine de notre réveil littéraire, a été le charme, l'enivrement, l'espérance. A nous, moins avancés en âge, il nous est apparu à l'aube de notre vie, dans les deux attitudes les plus propres à séduire l'imagination et à surprendre les meilleurs sentiments du cœur; d'abord, enveloppé dans le drapeau de la patrie, dominant du front, du geste et de la voix, l'insurrection qui balayait une dynastie, l'émeute qui menaçait de flétrir et d'ensanglanter une transformation sociale qu'il voulait exempte de crime; puis, tendant la main à la France, pour lui demander le pain de sa vieillesse, en attendant de mourir presque oublié des hommes, mais visité par son Dieu.

Eminence, vous avez connu, aimé Lamartine dans ses jours prospères, vous l'avez consolé dans ses délaissements; vous vous plaisez à nous citer ses plus beaux vers. Vous nous disiez naguère, en termes touchants, le triste abandon de ses dernières années, son retour à la foi et aux pratiques pieuses de son adolescence; permettez-nous de redire en votre présence, et devant cet auditoire bienveillant, la gloire de votre poète favori, ses torts, ses malheurs. La jeunesse, qui ignore bien des choses, se laisse éblouir par tout ce qui brille, émouvoir par tout ce qui souffre; elle est toujours tentée d'absoudre le génie et l'infortune. Il ne sera pas sans utilité pour elle de dégager du récit de cette grande existence la leçon que la Providence y renferma.

Nous espérons être juste, nous ne promettons pas d'être sévère. Il est des natures si richement douées des qualités aimables et brillantes, que, lorsqu'on se met en contact avec elles, la séduction du talent et du caractère ferait, si l'on n'y prenait garde, dévier la plus inflexible justice. En

vain, essaierions-nous de condamner Lamartine; la raison
y consentirait, mais le cœur se met de la partie. La sympa-
thie et l'équité transigent donc : l'une se résout à reconnaî-
tre des lacunes dans le jugement et des fautes dans la conduite ; l'autre consent à admettre des circonstances atté-
nuantes, et la sentence à la fin se trouve ainsi formulée :
On lui pardonne beaucoup, parce qu'on l'a beaucoup aimé.


Il est intéressant de chercher sur les grands monts, dans
le creux des rochers, sous l'ombre des vieux sapins, la
source des fleuves qui traversent nos cités et fécondent nos
plaines. Il n'est pas moins intéressant de chercher dans
l'histoire, sous la surface agitée des choses humaines, à tra-
vers la mêlée des évènements et des hommes, les premiers
pas de ces destinées qui seront unies à celles d'un grand
peuple, et agiront en bien ou en mal sur un pays et sur un
temps. Pendant que la victoire jetait au monde les noms
retentissants de Napoléon et de ses généraux, les échos
d'une cour de collége répétaient le nom d'un écolier qui
devait plus tard, dans une ode fameuse, juger la mémoire
du conquérant (1). Le jeune Lamartine, âgé de dix-huit
ans ( 1809 ), quittait, en leur adressant de touchants
adieux (2), les maîtres qui avaient cultivé son cœur et son
intelligence, et regagnait, chargé de lauriers, ces plaines
crayeuses du Maconnais, et ce castel de Milly qu'il a chanté
sur un mode si doux. (3)
Il nous a dépeint avec complaisance et ce nid de famille,
et chacun des êtres qui le peuplaient : son père, soldat de

---

(1) Nouvelles Méditations poétiques : *Bonaparte.*
(2) Premières Méditations poétiques : *Adieux au collége de Belley.*
(3) Harmonies poétiques et religieuses : *Milly ou la Terre natale.*

la royauté décapitée, échappé à grand peine à la hache révolutionnaire, et qui

> Plein du grand combat qu'il avait combattu,
> En racontant sa vie enseignait la vertu. (1)

Sa mère, âme toute pétrie de tendresse et d'indulgence, dont

> La voix pieuse et solennelle
> Nous enseignait un Dieu que nous sentions en elle,

et qui menant ses enfants dans les fréquents pèlerinages de sa charité :

> A la veuve, à l'enfant qui tombaient à genoux,
> Disait, en essuyant les pleurs de leurs paupières :
> « Je vous donne un peu d'or, rendez-leur vos prières. »

ses sœurs, avec qui, chaque matin, au son de la cloche, il la suivait à l'église :

> Nous montions sur sa trace à l'autel du Seigneur,
> Offrir deux purs encens, innocence et bonheur ! (2)
> . . . . . . . . . . . . . . . . . . .
> Heureux l'homme à qui Dieu donne une sainte mère. (3)

a-t-il dit encore. Il eut donc ce bonheur inestimable, qui lui en valut un autre non moins précieux, celui d'être élevé chrétiennement par les R. P. Jésuites de Belley (4). Nous n'avons pas dans la littérature française de pages comparables en suavité à celle où il raconte les premières leçons de religion et de lecture reçues au coin du foyer, et entremêlées de baisers et de caresses (5). On peut lui donner pour pendant celle où il se dépeint dans la chapelle du collége, fervent, recueilli, le front appuyé sur le mar-

(1) Harmonies poétiques et religieuses : *Milly ou la Terre natale.*
(2) Ibidem
(3) Harmonies : *Le tombeau d'une mère.*
(4) Ils prenaient alors le nom de *Pères de la foi.*
(5) Voyage en Orient.

bre de la balustrade, plongé dans une muette extase dont il ne comptait pas les minutes (1).

Malheureusement, les inquiétudes qu'inspirait sa santé, forcèrent ses parents à le livrer prématurément à lui-même, et les exigences des oncles dont il devait être l'héritier le condamnèrent ensuite à une inaction fatale. La faiblesse de sa mère s'exagérait bien un peu ses craintes ; mais cette mère avait après les folies de son Alphonse des reproches si pénétrants, qu'on pouvait pressentir en elle, sinon une Blanche de Castille ferme et virile, du moins une Monique aimante et éplorée, dont les larmes et les prières finiraient par obtenir, en ce monde ou dans l'autre, le salut éternel de son enfant de prédilection : « N'aurais-
» je donc enfanté, mon Dieu, un fils orné de quelques-uns
» de vos dons les plus précieux, et que j'espérais former
» de plus en plus pour mon admiration et pour votre gloire,
» que pour voir vos dons mêmes et ses facultés se retourner
» contre lui ?... Vous savez que je donnerais mon sang
» comme j'ai donné mon lait, pour en faire un homme,
» et surtout pour en faire un homme selon votre cœur.» (2)

Pendant qu'il se consumait dans une vie tantôt fièvreuse, tantôt inoccupée, rongeant son cœur dans une oisiveté forcée, ou suivant ses capricieuses fantaisies aux rivages corrupteurs de Naples et au bord des lacs de la Savoie, les notes partaient d'elles-mêmes de la lyre intérieure que le Créateur avait déposée en son âme. D'abord profanes, païens même, tant qu'ils furent de simples échos des voix de l'antiquité ou des prétendus élégiaques modernes, ces accents devinrent bientôt graves, sincères, émus, religieux.

(1) Confidences.
(2) *Nouvelles confidences,* L. I-X.

Les premiers désenchantements des passions, cette sorte
de convalescence morale qui succède à leurs furieux accès,
la douceur d'un retour à la sagesse après de longs égare-
ments, la douleur encore cuisante de plaies à peine cicatri-
sées, mille sentiments aujourd'hui distincts, demain con-
fus, tout cela s'exprimait et s'exhalait en plaintes mélan-
coliques, en appels confiants, en cris de désespoir ou de
repentir. L'amitié divulguait ces chants, et bientôt il fallut
que le jeune poëte mît le public tout entier dans sa confi-
dence.

Ce fut une grande surprise, Messieurs, pour la France,
lorsque, en 1820, parut sans nom d'auteur un petit volume
de vers intitulé : *Méditations poétiques.*

C'est qu'une grande nouveauté s'y révélait, et cette nouveauté c'était l'âme, oui l'âme, parlant en son propre nom,
et franchement spiritualiste, quand elle n'était pas chrétienne. Expliquons-nous.

Le siècle de Louis XIV avait connu la vraie poésie,
celle qui n'est pas un vain jeu de versification, le puéril
exercice d'un arrangeur de mots choisis et de syllabes so-
nores, mais l'expression d'âmes, mâles et grandes comme
Corneille, aimables et rêveuses comme La Fontaine,
tendres et passionnées comme Racine. Toutefois, dans leurs
vers si pleins, si exquis, toujours une sorte de noble pudeur jette un voile discret sur la personnalité du poëte.
Il nous faut lire les correspondances du temps, ou bien
emprunter les procédés hardis de la critique contemporaine, pour découvrir l'auteur qui se dérobe sous son
héros (1). Corneille prête ses fiers sentiments à Don Diègue,
La Fontaine sa philosophie sensée, sa bonté compatissante,

_______

(1) Nisard, Histoire de la Littérature française, t. IV, conclusion § II.

sa fidèle amitié aux charmants acteurs de ses petits drames (1) ; les lamentations de Phèdre nous livrent le secret des luttes dont l'âme de Racine est le théâtre, et font arriver jusqu'à nous le cri de ses remords. L'homme se confesse à Dieu et à son ministre ; devant son semblable il se trahit, il ne se livre pas.

Le dix-huitième siècle tue ses véritables poètes ou les laisse mourir de faim. En dehors de Gilbert et d'André Chénier, où trouver l'émotion vraie, l'enthousiasme, le feu sacré ? Nous demanderions en vain une sainte indignation, un généreux battement de cœur, un magnanime élan aux versificateurs qui pullulent dans les salons de la capitale. L'âme n'est pour rien dans la prose rimée de Voltaire, dans les *jolis miracles* (2) des Saint-Lambert et des Delille, dans les fadeurs de Dorat, dans les impurs refrains de Parny. Quelle poésie peut avoir une société d'où Dieu est banni, où la philosophie de la sensation prévaut, où la haine des institutions religieuses et sociales est l'unique sentiment qui décèle la vie, où la frivolité de l'esprit et la corruption des mœurs conspirent ensemble pour rapetisser les hommes et les choses. La poésie, hélas ! il faut la chercher dans les descriptions en prose d'un so-

---

(1) Le *bonhomme*, pourtant, est le plus personnel de ces poètes du grand siècle, celui qui se laisse plus souvent aller à manifester ses goûts et son humeur. Nous sommes étonnés que cette analogie avec son propre genre, et la bonté d'âme que révèlent certaines fables, telles que les *Deux Amis*, le *Vieillard et les trois jeunes Hommes*, n'aient pas triomphé de l'injuste antipathie de Lamartine pour notre immortel fabuliste.

(2) M. Roux, professeur de littérature française à la Faculté des lettres de Bordeaux : *Étude sur Lamartine*, lue en séance publique de l'Académie de Bordeaux, le 18 mars 1869. Les bonheurs d'expression ne sont que le moindre mérite de ce travail remarquable, dont les conclusions sont encore plus indulgentes que les nôtres.

phiste de génie, esprit faux et cœur dépravé, qui a des crises d'enthousiasme pour tout ce qui est beau et bon; dans les livres d'un de ses disciples qui étudie la nature avec le cœur, comme Jean-Jacques l'aime avec la tête. Partout ailleurs le procédé remplace l'inspiration : au théâtre, dans l'ode, dans l'éloquence, dans le style familier même, c'est le triomphe du convenu, du factice, du déclamatoire. Le naturel ne se retrouve que dans le futile (1) et dans l'ignoble, et encore pas toujours.

On sait dans quel abîme de boue et de sang est venu sombrer ce siècle anti-poétique. Le réveil des âmes a été terrible. Epouvantées et soudainement éclairées par la catastrophe, elles se reprennent à regarder vers le ciel ; elles ont maintenant besoin de croire et d'aimer. Mais, comme elles sont meurtries, que de longtemps elles n'auront l'ancienne trempe, elles ne sauront pas contenir leurs soupirs et leurs larmes, et leurs interprètes, naturellement, auront comme elles des explosions bruyantes de joie et de tristesse, et parleront au monde entier de leurs espérances et de leurs regrets.

Voilà, Messieurs, la poésie moderne, intime, personnelle, maladive. Lamartine en fut parmi nous la première, la plus complète expression, et telle fut la cause principale de l'immense succès des *Méditations* et des *Harmonies*.

Aimant la nature comme Rousseau et Bernardin de Saint-Pierre, vaporeux comme Ossian, enthousiaste comme l'auteur de *Corinne*, parfois blasphémant comme Byron (2); mais, comme Châteaubriand, ramené bien vite par l'ima-

---

(1) Nous entendons par *futile* la poésie familière ; or elle n'est simple alors que sous la plume de Voltaire.

(2) Premières Méditations : *Le Désespoir*.

gination et par le sentiment à la religion de sa mère (1) ;
assez flottant dans ses croyances pour ne pas rebuter les
sceptiques ; assez affligé de ses doutes pour ne pas révolter
les croyants, à qui d'ailleurs en maint endroit il donnait
satisfaction entière, il réunissait toutes les qualités et tous
les défauts propres à charmer son époque.

Nous ne pouvons nous arrêter à considérer certaines
phases de sa vie et certains aspects de son talent. Les passions humaines sont trop souvent le mal ou l'auxiliaire du
mal, pour que nous ne soyons pas tenus ici à une grande
réserve. Nous parlerons donc plutôt de ce qui fait honneur
à Lamartine que de ce qui fit sa fortune auprès d'une partie considérable de ses lecteurs.

Noble, pur, élevé, dédaigneux de ce qui rabaisse, aspi-
rant au plus sublime idéal, tel nous apparaît ce poète au
début de sa carrière, et nous dirions volontiers de sa poésie en ces jours heureux et féconds, qu'elle est un *sursùm
corda* (2) continuel. Entendez sa définition de l'homme :

> Borné dans sa nature, infini dans ses vœux,
> L'homme est un Dieu tombé qui se souvient des cieux. (3)

Demandez-lui s'il est grand, il vous répondra :

> Un homme ! un fils, un roi de la nature entière !
> Insecte né de boue et qui vit de lumière ;
> Qui n'occupe qu'un point, qui n'a que deux instants ;
> Mais qui de l'Infini par la pensée est maître,
> Et, reculant sans fin les bornes de son être,
> S'étend dans tout l'espace, et vit dans tous les temps ! (4)

(1) Ibid · *La Providence à l'homme.*
(2) En haut les cœurs.
(3) Méditations poétiques : *L'Homme.*
(4) Harmonies : *L'Humanité.*

Son ministère, c'est d'adorer Dieu au nom de tous les
êtres créés :

> La voix dé l'univers, c'est mon intelligence.
> Sur les rayons du soir, sur les ailes du vent,
> Elle s'élève à Dieu comme un parfum vivant.
> Et, donnant son langage à toute créature,
> Prête pour l'animer mon âme à la nature. (1)

Pourquoi est-il fait? Interrogez ses insatiables désirs :

> Mon âme est à l'étroit dans sa vaste prison :
> Il me faut un séjour qui n'ait pas d'horizon.
>
>
> C'est peu de croire en toi, bonté, beauté suprême !
> Je te cherche partout, j'aspire à toi, je t'aime !
> . . . . . . . . . . . . . . . . . .
> Témoin de ta puissance, et sûr de ta bonté,
> J'attends le jour sans fin de l'immortalité! (2)

Reconnaissez dans les vers suivants non pas l'*impavidum
ferient ruinæ* (3) du stoïcisme qui brave les dieux, mais le
cri de l'inébranlable foi de Job à la vie future : *Etiamsi
occiderit me, in ipso sperabo.* (4)

> Pour moi, quand je verrais dans les célestes plaines.
> Les astres s'écartant de leurs routes certaines,
> Dans les champs de l'éther l'un par l'autre heurtés.
> Parcourir au hasard les cieux épouvantés ;
> Quand j'entendrais gémir et se briser la terre,
> Quand je verrais son globe errant et solitaire,
> Flottant loin des soleils, pleurant l'homme détruit.
> Se perdre dans les champs de l'éternelle nuit ;
> Et quand, dernier témoin de ces scènes funèbres.
> Entouré du chaos, de la mort, des ténèbres,
> Seul je serais debout; seul, malgré mon effroi.

(1) Méditations poétiques : *La Prière*.
(2) Ibidem.
(3) Les ruines du monde le frapperont sans l'effrayer. (Horace, Odes.
liv. III, ode 3.)
(4) Quand même il me tuerait, j'espèrerais en lui. (Job, XIII-15.)

Être infaillible et bon j'espèrerais en toi ;
Et certain du retour de l'éternelle aurore,
Sur les mondes détruits je t'attendrais encore. (1)

Comme il rappelle la poésie à sa céleste mission dans la splendide Méditation adressée à lord Byron !

C'est pour la vérité que Dieu fit le génie.

. . . . . . . . . . . . . .

La gloire ne peut être où la vertu n'est pas. (2)

Comme il comprend le rôle de celui qui tient la lyre ! de ce cygne mélodieux qui doit glisser à la surface des lacs argentés, l'œil fixé vers le ciel, loin des rivages fangeux et des foules tumultueuses !

Le poète est semblable aux oiseaux de passage,
Qui ne bâtissent point leur nid sur le rivage,
Qui ne se posent point sur les rameaux des bois :
Nonchalamment bercés sur le courant de l'onde,
Ils passent en chantant loin des bords, et le monde.
  Ne connaît rien d'eux que leur voix. (3)

Comme il respecte en lui-même l'instrument des inspirations divines !

Préparons-lui des lèvres pures,
Un œil chaste, un front sans souillures.
Comme aux approches du saint lieu.
Des enfants, des vierges voilées,
Jonchent de roses effeuillées
La route où doit passer un Dieu. (4)

Sa harpe résonne quand une brise la caresse, mais il la suspend à des hauteurs où n'arrivent pas les vents de la terre ; elle ne doit vibrer qu'aux souffles du ciel :

Attendons le souffle suprême
Dans un repos silencieux :

(1) Méditations poétiques . *L'Immortalité.*
(2) Méditations poétiques : *L'Homme.*
(3) Nouvelles Méditations : *Le Poète mourant.*
(4) Ibid. : *L'Esprit de Dieu.*

> Nous ne sommes rien de nous-même
> Qu'un instrument mélodieux.
> Quand le doigt d'en haut se retire,
> Restons muets comme la lyre
> Qui recueille ses saints transports,
> Jusqu'à ce que la main puissante
> Touche la corde frémissante
> Où dorment les divins accords. (1)

Et comme ces enseignements ou ces vœux s'épanchent et ruissellent en flots abondants, dont le murmure est toujours musical, et dont chacun porte à sa cîme une image éblouissante ! Une école viendra, qui, sous prétexte de vérité dans l'art, et d'affranchissement légitime de règles étroites, brisera le vers, enflera le ton, déconcertera la logique, roulera le gravier avec les paillettes, formulera des théories pour justifier ses excès, et se portera à des excès nouveaux pour appliquer ses théories. Lamartine n'appartiendra pas à cette école, et ne lui paiera tribut que plus tard par des négligences et des incorrections qui dépareront ses *Recueillements poétiques*. Mais rien de semblable au commencement.

S'il se débat contre l'obsession de l'esprit poétique, c'est la lutte de Ganymède contre l'aigle du roi des Dieux ; de Jacob aux prises avec l'ange du Seigneur ; ce n'est pas la course vertigineuse de Mazeppa, lié sur son cheval, et voyant tourbillonner autour de lui, comme en un cauchemar horrible, forêts, montagnes, nuages, bêtes féroces et oiseaux de proie. (2)

Jamais chez lui, comme chez son rival, de ces soubre-

---

(1) Nouvelles Méditations : *L'Esprit de Dieu*.

(2) Comparer l'*Enthousiasme* (Méditations poétiques) et l'*Esprit de Dieu* (Nouvelles Méditations) avec le *Mazeppa* de M. V. Hugo (Odes et Ballades).

sauts qui annoncent qu'un moment la verve a tari ; jamais de ces témérités de langage plus cherchées que trouvées, et qui donnent à penser que l'idée ou le sentiment n'a pas coulé de source avec son vêtement et sa parure ; jamais de ces secousses violentes qui ébranlent les nerfs, et prennent d'assaut l'imagination, comme si on désespérait de la captiver par des moyens plus doux. Nous savons toute la puissance que ces emportements supposent, et, dans l'occasion, nous nous laissons saisir comme tout le monde. Cependant il ne nous est pas défendu de croire que tout ce fracas recouvre un défaut ; et reconnaissant aux autres le droit d'admirer le torrent qui se précipite en grondant parmi les ravins et les rocs, nous revendiquons pour nous celui de préférer le fleuve au cours uni et même monotone.

Nous avons dit les caractères propres et l'originalité de la poésie de Lamartine. Avouons toutefois qu'il ne procédait pas entièrement de lui-même. Sans doute il a pu dire en toute vérité :

> Jamais aucune main sur la corde sonore
> Ne guida dans ses jeux ma main novice encore :
> L'homme n'enseigne pas ce qu'inspire le ciel.
>
> . . . . . . . . . . . . . . . . .
>
> Je chantais, mes amis, comme l'homme respire,
> Comme l'oiseau gémit, comme le vent soupire,
>    Comme l'eau murmure en coulant (1).

Mais s'il ne doit qu'à Dieu ce don inné du chant que l'on reçoit avec la vie, son esprit n'en a pas moins subi diverses influences. Parmi celles qu'il a lui-même indiquées, trois nous paraissent avoir été dominantes : la Bible, Châteaubriand et l'Italie.

---

(1) Nouvelles Méditations : *Le Poète mourant.*

Quand nous disons la Bible, nous n'entendons pas celle de Bossuet, avec ses beautés fortes et sévères, mais cette Bible peinte, que le poète lisait enfant sur les genoux de sa mère, traduction de Royaumont, qui affaiblit la grande voix des prophètes, comme les enluminures du riche volume donnent une teinte veloutée au ciel oriental et à l'austère paysage où éclot et s'épanouit cette divine poésie.

Dans la suite, M. de Genoude, son ami, lui fit lire une traduction de nos saints Livres moins indigne de l'original.

Quoiqu'il en soit, Lamartine dut peut-être à cette première impression de sa jeune âme la persistance du sentiment religieux, qui jamais ne lui fit défaut ; or, ce sentiment est la source incontestable du véritable lyrisme. Son beau dithyrambe, *la Poésie sacrée*, et quelques autres imitations des Psaumes ou de Job, éparses dans ses œuvres, sont infiniment plus bibliques que les paraphrases les mieux réussies de J.-B. Rousseau et de Lefranc de Pompignan (1).

En second lieu, Châteaubriand. Lamartine a raconté la profonde émotion qu'il ressentit, lorsqu'un jour, au collége, un de ses maîtres lut en classe quelques pages du *Génie du Christianisme* (2). C'étaient les chapitres *de l'Existence de Dieu, du Chant et des Migrations des oiseaux*. Ce vague des passions, cette mélancolie sans objet apparent, cette nature toute pénétrée de la présence de Dieu, cette communion de l'âme avec tous les êtres, dont elle se fait l'organe

---

(1) Premières Méditations. *La Poésie sacrée, Chants lyriques de Saül. Le Tombeau de David* dans les Recueillements poétiques ne justifie pas la haute estime que le poète semble en faire. *La Cantate pour les enfants d'une maison de charité* est vraiment suave.

(2) Cours familier de Littérature. XXXe Entretien. *Comment je suis devenu poète.*

larmonieux, ces riches couleurs, tout ce qu'on admira,
out ce qu'on aima dans les vers des *Méditations* et des *Har-
nonies*, on l'avait admiré dans la prose éblouissante *du plus
yrand des lettrés modernes* (1). Certes, Messieurs, il est glo-
rieux pour l'illustre écrivain qui le premier en France réagit
efficacement contre l'influence désastreuse de Voltaire,
l'avoir donné le branle à toute la grande littérature du
siècle. Un peintre de l'antiquité représentait Homère sous
la figure d'un fleuve qui enfantait plusieurs canaux. Ces canaux étaient les divers genres littéraires et les génies les
plus marquants de la Grèce. Le même emblême pourrait
servir à caractériser l'action de Châteaubriand. On verrait
dériver d'une même source féconde, la poésie avec Lamartine, l'histoire avec Augustin Thierry, dont on connaît les
aveux (2), enfin la critique avec MM. Villemain, Saint-
Marc-Girardin, et tous ceux à qui les ingénieux aperçus
contenus dans *le Génie du Christianisme*, ces premiers
exemples de la comparaison des littératures, de l'étude des
causes qui modifient les courants intellectuels, ont ouvert
des horizons moins restreints et des chemins plus variés que
ceux où s'enfermait l'appréciation judicieuse, mais trop
mesquine, des La Harpe et des Le Batteux.

Enfin l'Italie. Aussitôt après avoir terminé ses études, il
était parti pour ce pays des passions romanesques et des
perspectives enchantées ; il avait vécu plusieurs mois en
véritable enfant de *la Margellina* sous les orangers d'Ischia, sur les eaux bleues du golfe de Baïes. Il revint en

(1) M. Villemain : *Châteaubriand, Etudes sur la Tribune au XIX^e
siècle.*

(2) La lecture de la fameuse bataille des Romains contre les Francs,
dans les *Martyrs*, lui révéla, il l'affirme lui-même, une nouvelle ma-
nière d'écrire l'histoire (*Préface des Récits Mérovingiens*).

Italie à diverses reprises, et y séjourna, revêtu de fonctions diplomatiques, et sous le ciel de Parthénope et de Florence, au sein des grands souvenirs, au milieu des monuments de tous les âges, dans la compagnie des princes, des Mécène, des lettrés, des artistes de tout genre, ses deux facultés dominantes, l'imagination et la sensibilité, se développèrent au point d'envahir son âme presque tout entière, et d'y laisser à peine une petite place à la raison.

Tant qu'il crut à des dogmes positifs, et qu'il ne sortit pas du milieu que lui avaient fait ses relations de famille, ce défaut se fit peu sentir. On ne s'arrêtait pas à relever quelques expressions qui sentaient le panthéisme, et *la Foi, le Temple, la Semaine-Sainte, le Chrétien mourant* (1), *le Crucifix* (2), *l'Ode aux Chrétiens dans les temps d'épreuve, l'Hymne au Christ* (3), répondaient suffisamment à ceux qui trouvaient dans cette poésie plus de religiosité que de religion, et prononçaient tout bas le mot : Déisme.

Mais vint une heure fatale où Lamartine fut et se dit rationaliste. Il avait proclamé pourtant la nécessité d'une révélation ; il s'était écrié en chantant le Verbe illuminateur des entendements :

> Mais la raison, c'est toi ! mais cette raison même
> Qu'était-elle avant l'heure où tu vins l'éclairer ?
> Nuage, obscurité, doute, combat, système,
> Flambeau que notre orgueil portait pour s'égarer.
>
> . . . . . . . . . . . . . . . . . . . . . . . .
>
> Nous te saluons Dieu, cas tu n'es pas un homme ! (4)

Rationaliste, hélas ! quand on a tant de peine à être simplement raisonnable !

(1) Premières Méditations.
(2) Nouvelles Méditations.
(3) Harmonies.
(4) Harmonies : *Hymne au Christ.*

Déjà, dans le déclin de ses croyances, il avait, en écrivant *Jocelyn*, amoindri le type sacerdotal. Il avait cru rendre le prêtre plus intéressant en le faisant plus homme, en présentant à ses lecteurs, avec une splendeur de coloris toujours croissante, un second *Vicaire savoyard* plus sensible que le premier.

En perdant totalement la foi, il perdit son lest, sa boussole et son étoile. Son voyage en Orient, qui, accompli quelques années plus tôt lui eût ouvert la source des saintes inspirations, et nous eût valu une poésie vraiment chrétienne, colorée des feux du soleil de la Palestine, reflétant les rayons du Thabor et les éclairs du Sinaï, attendrie au contact de la roche de Bethléem et du sépulcre du Calvaire; ce voyage qu'il eût dû faire en pèlerin, en croisé de l'intelligence, il le fit en touriste vain et prodigue.

Il revint des Saints-Lieux avec une ébauche de relation (*Voyage en Orient*) dont il ne daigna pas faire un livre, et où il comparait Jésus à Platon pour donner au philosophe une sorte de préférence.

Il en revint épris pour l'Arabe, pour l'Arabe fataliste, corrompu, fanatique et stationnaire, d'une prédilection où nous soupçonnerions les nuances éclatantes du turban et du fez, et les plis flottants du burnous d'être pour un peu plus que les vertus hospitalières de cette race dégénérée.

Il en revint avec un fragment d'épopée humanitaire (*la Chûte d'un Ange*), dont la conception était plus bizarre qu'originale, l'invention plus monstrueuse que grandiose, et dont le style négligé attestait une déplorable décadence.

Il en revint enfin, ayant dans la pensée des rêves d'ambition, dans le souvenir les horoscopes suspects d'une hallucinée (lady Stanhope) (1), et dans l'œil tout le mirage du désert.

Ce fut ainsi préparé qu'il s'élança dans le champ de bataille de la politique. Dieu nous garde de l'y suivre ! Nous sortirions de notre rôle en voulant apprécier le sien. Affirmons seulement, en dépit de toutes ses protestations, qu'il se trompait en se croyant fait pour l'action, et que son ingratitude envers les Muses qu'il affecta de dédaigner, ne lui porta pas bonheur. Elles le suivirent d'ailleurs dans les assemblées délibérantes ; l'orateur c'était le poète, le poète dépaysé, éternel enfant qui semblait avoir pris pour devise ce vers de la *Jeune Captive* :

L'illusion féconde habite dans mon sein. (2)

La tribune, qu'une éruption soudaine fit jaillir en 89 du sol agité de la France, avait doté notre pays d'une gloire nouvelle, gloire éclatante, mais coûteuse et funeste autant que celles des conquêtes armées. Renversée et muette pendant quinze ans, en expiation des orgies de paroles qui l'avaient souillée, relevée avec les institutions dont elle fait partie, elle avait tressailli à des voix qui lui rappelaient celles des Mirabeau, des Maury, des Barnave et des Vergniaud.

Lorsque Lamartine y monta (1833), elle servait de piédestal à trois hommes de mérites divers, mais qu'un talent oratoire hors ligne mettait sans conteste au-dessus des tribuns les plus distingués. L'un, esprit ferme et hautain, raison froide, passion contenue, langage et tenue austère

---

(1) Lady Stanhope, nièce du fameux Pitt, s'était fixée dans une solitude voisine du Liban, où elle s'occupait d'astrologie. Elle prédit à Lamartine qu'il jouerait un grand rôle dans les prochaines révolutions qu'elle prévoyait. *(Voyage en Orient, et Lectures pour tous.)*

(2) André Chénier.

du puritain, dogmatiste et affirmatif au sein des Chambres souveraines aussi bien que dans sa chaire de professeur, c'était M. Guizot.

L'autre, souple génie, clair et net comme le bon sens, vif, alerte, caustique, jouant avec les chiffres comme avec les idées, faisant oublier par la verve et l'animation de sa causerie les disgrâces de sa taille et de son organe, manquant encore de cette gravité sereine que devaient lui donner l'expérience des révolutions, l'étude approfondie de l'histoire et le désintéressement de sa verte vieillesse, c'était M. Thiers.

Le troisième, intelligence ouverte, âme grande, cœur large et chaud, possédant au plus haut degré le don de sentir et de communiquer l'émotion, orateur par toute sa personne, et soutenant par l'ardeur de son patriotisme, par l'inébranlable fermeté de ses convictions, par la dignité constante de son caractère, l'incomparable puissance de son geste et de sa parole, c'était l'immortel Berryer. On nous pardonnera de lui décerner cette espèce d'apothéose. Celui qui a fait ce nom si grand couronnait naguère sa noble existence par une de ces morts dont Bossuet aimait le spectacle, où l'âme, sans faiblesse et sans vaine bravade, assiste jusqu'au bout à la dissolution du corps, et entre majestueusement dans l'éternité, après avoir, comme dit le sublime orateur, *poussé jusques au bout ses reconnaissances* vers l'autre monde. (1)

Notre poète se fit une spécialité des thèses sociales, généralités humanitaires qui allaient à la nature de son talent et à la générosité de son cœur. Après les incertitudes et les hésitations des premiers débuts, sa parole prit des

(1) Bossuet, *Oraison funèbre de Michel Le Tellier.*

ailes, comme celle des héros d'Homère. Mais on trouva
que ces ailes emportaient l'orateur à des hauteurs éthérées,
d'où la réalité n'apparaît qu'enveloppée d'une vapeur
bleuâtre qui rapproche les distances, arrondit les contours,
adoucit les aspérités, met de niveau monts et fondrières.
Quand il descendait sur le terrain pratique, sa vue se trou-
blait, et ses conclusions déconcertaient souvent les tenants
de l'ancienne logique. « *Il pense avec des sentiments, il rai-
sonne avec des images,* » a dit un judicieux critique (1). Sa-
chons lui gré pourtant d'avoir provoqué par ses discours
l'abolition de l'esclavage dans nos colonies, et vengé, dans
une de ses plus heureuses improvisations, la cause des
Lettres, attaquée dans une discussion sur l'enseignement.
par un savant fameux, Arago.

Ainsi volant toujours au-dessus du monde réel, tantôt
planant au plus haut des nues, tantôt rasant la terre d'un
vol plus lourd, comme ce cygne de Dircé qui a besoin, pour
être lui-même, de sentir sous son aile une vaste colonne
d'air (2), il s'aventurait de plus en plus dans la région des
chimères.

C'est alors qu'il appliqua son esprit à l'étude d'une époque fastique de notre histoire, de cette Révolution dont
l'appréciation fait broncher les jugements les plus fermes.

Il apercevait là, parmi tant d'ouvriers de destruction qui
furent impuissants à reconstruire, un groupe d'hommes
dont l'aspect le fascinait. Chez eux et chez lui même culte
de la parole, même foi à l'infaillibilité et à l'omnipotence
de la raison humaine; avec cela jeunesse, talent et mal-
heur, quel sujet à traiter, ou plutôt à chanter, car Lamar-

<hr>

(1) A. Nettement, *Histoire de la Littérature française sous la Res-
tauration.*

(2) Multa Dircœum levat aura cycnum. (Horace, ode 1ʳᵉ, liv. IV.)

line a donné de l'histoire une définition qui tend à la confondre avec le poème épique (1). Un livre historique écrit par lui devait être, comme ses discours, étincelant, mais sans conclusion sérieuse, et comme son âme, bienveillant à outrance envers les personnes qui ont le moins de droit au pardon. L'*Histoire des Girondins* serait mieux intitulée : *Histoire de l'Idée républicaine de* 89 *à* 94. Les véritables héros ne sont pas ces beaux parleurs qui ne surent empêcher aucun forfait, et se rendirent complices de tous, mais les hideux hommes d'action, particulièrement Robespierre. Oui, Robespierre y est véritablement idéalisé. Sans doute Lamartine a la conscience trop honnête pour approuver jamais le crime ; il le flétrit toujours  Mais, semblable à ces rivières dont le courant se porte tantôt à droite, tantôt à gauche, son jugement oscille à chaque instant. Ici, le sang versé lui arrache d'énergiques accents de réprobation ; là, le récit des massacres et des meurtres juridiques est accompagné d'explications qui en atténuent l'horreur. S'il ne *dore pas la guillotine.* comme l'appréhendait Châteaubriand, il en grandit les pourvoyeurs. Il croit les esprits égarés. les cœurs rarement lui semblent coupables ; sa pitié est pour les victimes, son admiration trop souvent pour les bourreaux.

Dieu, Messieurs, tire le bien du mal. Cette malencontreuse évocation des jours les plus néfastes de nos annales. fit à Lamartine une immense popularité, et cette popularité lui servit bientôt pour sauver la société menacée. On comprend que nous voulons parler des scènes fameuses de l'Hôtel-de-Ville en 1848.

_____

(1) Cette notion de l'histoire explique les innombrables inexactitudes de détail qu'on a relevées dans *Les Girondins*. M. Nettement a écrit un volume pour les relever toutes.

Porté au pouvoir dans un moment de crise par l'enthousiasme public, par la peur d'un grand nombre, par son initiative personnelle, le républicain de fraîche date, dans une révolution qui, en partie, était son œuvre, se dépensa sans calculer. Il était beau à voir, calme, impassible, au milieu de ces meutes humaines qui se déchaînent toujours dès qu'un pouvoir s'efface ou tombe. La puissance de sa parole sur des intelligences abruties et sur des cœurs ulcérés, donnait quelque vraisemblance au mythe d'Orphée enchantant les tigres et les lions. Il fut beau surtout le 28 février, lorsque après quatorze heures de fatigues, de cris, de paroles perdues, de luttes corps à corps avec une multitude ameutée, il abattit, par les seules vibrations de son cœur indigné, ce lambeau rouge dont cent mille factieux voulaient faire le drapeau de la France. Relisons ensemble ce suprême transport lyrique. Il effaça, aux yeux de bien des gens, une partie des torts de Lamartine :

« Le drapeau rouge ! j'aimerais mieux le drapeau noir,
» ce drapeau qu'on fait flotter quelquefois dans une ville
» assiégée, comme un linceul, pour désigner à la bombe
» les édifices neutres consacrés à l'humanité, et dont le
» boulet et la bombe même des ennemis doivent s'écarter.
» Voulez-vous que le drapeau de votre pays soit plus me-
» naçant et plus sinistre que celui d'une ville assiégée ?...
» Je repousserai jusqu'à la mort ce drapeau de sang, et
» vous devriez le repousser plus que moi ! car le drapeau
» rouge n'a jamais fait que le tour du Champ-de-Mars,
» traîné dans le sang du peuple, en 91, en 93, et le dra-
» peau tricolore a fait le tour du monde avec le nom, la
» gloire, et la liberté de la patrie !... » (1)

(1) Voir le discours tout entier dans les *Lectures pour tous*.

Quitte peut-être envers la France, après un service aussi signalé, Lamartine ne l'était pas envers Dieu. Le génie, comme tous les dons d'en haut, a aussi une mission à remplir ; et cette mission, on ne la remplit pas dans toute son étendue, quand on ne sait pas s'oublier. Lamartine s'était recherché lui-même ; volontairement abusé sur ses vrais instincts, sur ses vraies aptitudes, il avait méprisé ce qui faisait sa gloire, et ambitionné la fonction du pilote, tandis qu'il était né pour être le barde qui charme par ses chants les ennuis de la traversée.

L'heure de l'expiation arriva. Jamais, pour aucun homme politique, le Capitole ne fut plus près de la roche Tarpéienne. Après trois mois de royauté morale, d'une sorte de dictature exercée avec la magnanimité d'un noble cœur, mais avec les indécisions d'un esprit sans prévoyance, Lamartine descendit du pouvoir. On le regarda faire, et on le délaissa comme un instrument de rebut. Pour se consoler et justifier sa conduite, il écrivit, à l'exemple de Cicéron, l'*Histoire de son consulat* (1) ; on ne daigna pas la lire, et il se trouva seul, face à face avec le besoin. Sa prodigalité sans règle, sa vanité fastueuse avaient épuisé sa fortune : il se voyait réduit à une misère réelle, quoique incomprise. Le sacrifice même de son opulent patrimoine n'eût pas suffi à désintéresser tous ceux qui avaient eu foi en son honneur. Quelle situation humiliante ! « Si j'étais » de la religion de Caton, disait-il, je serais mort comme » lui, mais je ne suis pas de la religion de Caton. »

Il lui fallut donc faire de sa plume un gagne-pain comme les plus vils manœuvres de la presse, mettre son beau ta-

---

(1) *Histoire de la révolution de 1848. Trois mois au pouvoir*, discours prononcés pendant cette période.

lent en exploitation, et mendier en quelque sorte à la porte des libraires et des journalistes, et cette vieillesse qu'il avait rêvée autrefois sereine, contemplative, mélodieuse (1), il dut la vouer à la réclame et au travail.

Dans l'espace de quelques années, il entassa volumes sur volumes : histoires faites avec des histoires, journaux, romans, biographie intime, critique littéraire. Revenant alors sur le passé, sentant bien que les productions de ses dernières veilles n'ajouteraient rien à sa gloire, il se prenait à regretter de n'avoir pas concentré sur une œuvre capitale toutes les ressources de son talent; il s'accusait *d'avoir dilapidé le temps !* Aveu tardif et regret inutile !

Ah ! du moins, si ces œuvres de son déclin étaient parfois séniles, toujours trop hâtées, rendons lui cette justice de déclarer que souvent elles étaient admirables, et que jamais elles ne furent systématiquement ridicules ou volontairement corruptrices. Mieux vaut, après tout, devant Dieu et devant les hommes, s'éteindre dans un soir assombri, mais encore embelli de quelques rayons d'or, que de marcher à la tombe en amoncelant des nuages orageux, et en infectant l'atmosphère que respirent les âmes. La postérité, si elle lit les *Confidences* de Lamartine et son *Cours familier de littérature,* pourra gémir ou sourire de quelques adorations rétrospectives, s'étonner de certaines exclusions injustes, d'une métaphysique littéraire superficielle, d'engouements peu justifiés (2); elle n'aura pas à s'indigner d'un acte de haine contre la Société tel que *les Misérables,* d'un attentat à la pudeur publique tel que les *Chansons des rues et des bois,* d'un blasphème contre la

<hr>

(1) Préface des Méditations, édition de 1849 et suivantes.

(2) Béranger trop loué, malgré des restrictions légitimes ; les littératures indoues et chinoises trop exaltées, etc.

Providence tel que *les Travailleurs de la mer*, d'une éclipse totale de bon sens comme *l'Homme qui rit*.

C'est pour les ramener à lui que Dieu châtie ceux qu'il aime. En remontant par l'esprit jusqu'aux années radieuses de sa jeunesse, le poète déchu retrouvait dans sa mémoire les recommandations de sa mère expirante ; il songeait avec attendrissement aux consolations de sa piété d'enfant. Quelques amis sincèrement dévoués s'efforçaient d'arrêter sa pensée sur ces bienfaisants souvenirs. — Le ciel vous bénira, Eminence, d'avoir été un de ces courtisans des mauvais jours, un de ces amis de l'âme du poète, qui surent lui rappeler qu'il avait eu la foi, lui persuader qu'il la retrouverait sans peine au fond de son cœur meurtri, et lui remettre en main ce crucifix qui avait reçu sa touchante prière :

> Au nom de cette mort, que ma faiblesse obtienne
> De rendre sur ton sein ce douloureux soupir :
> Quand mon heure viendra, souviens-toi de la tienne.
> O toi qui sais mourir. (1)

Deux ans avant que de quitter ce monde, il reprit ses pratiques anciennes, *il repassa dans l'amertume de son âme ses jours écoulés* (2) : disons la chose sans périphrase, il fit une confession générale des péchés de toute sa vie ; il communia, communia encore, et quand la mort vint, le chantre du *Chrétien mourant* la reçut comme une amie :

> Prends ton vol, ô mon âme, et dépouille tes chaines.
> Déposer le fardeau des misères humaines
> Est-ce donc là mourir ? (3)

_______

(1) Nouvelles Méditations : *Le Crucifix*.
(2) Recogitabo tibi omnes annos meos in amaritudine animæ meæ (Isaïe, XXXVIII-15).
(3) Premières Méditations.

Le *Dieu* de son *berceau* fut le *Dieu* de sa *tombe* (1). Et maintenant, sur ses restes inanimés, la croix est debout, la croix, signe d'espérance et gage de résurrection, et nous adressons pour lui au Père des miséricordes cette prière qu'il versa lui-même avec ses larmes sur de chères sépultures :

> Etends sur *lui* la main de ta clémence :
> *Il a* péché ; mais le ciel est un don !
> *Il a* souffert; c'est une autre innocence !
> . . . . aimé ; c'est le sceau du pardon ! (2)

*La mort,* dit la Sainte-Ecriture, *révèle le secret des cœurs.* Le plus grand poète de notre âge appartenait donc à l'Eglise, puisqu'il a voulu mourir dans son sein. Son âme était de celles que Tertullien appelle *naturellement chrétiennes;* l'amour du beau en elle avait conservé l'amour du bon, et les complaisances de son amour-propre n'avaient rien de l'orgueil satanique qui se pose en rival de Dieu. Il devait nous revenir, et nous y comptions. Il avait laissé s'éteindre, ou plutôt se voiler dans sa conscience, le flambeau de la foi. Ce fut sa faute, nous l'avouons sans réticence ; mais ajoutons, pour être juste, que ce fut aussi la faute de son temps. Qu'est-ce donc que ce dix-neuvième siècle qui pervertit ses fils les mieux doués, et que ceux-ci à leur tour font plus mauvais en flattant ses erreurs et en servant ses passions ? Car, voyez, Messieurs, ce n'est pas Lamartine seul, c'est presque tout ce qui parle, écrit et pense qui s'égare et se pervertit aujourd'hui. Les exceptions sont peu nombreuses, et dans quels rangs se trouvent-elles ? Dans les nôtres, Messieurs ; sous la bannière des vrais croyants, des enfants dociles de la Sainte Eglise ca-

(1) Harmonies : *Hymne au Christ.*
(2) Harmonies : *Pensée pour les morts*

tholique. Mettez en regard les astres éteints ou éclipsés, et les étoiles toujours brillantes ; d'une part : Lamennais, Lamartine, Hugo, Musset ; de l'autre : Lacordaire, Ozanam, Ravignan, Berryer, Montalembert. Ce parallèle n'est-il pas instructif ? Où sont les gloires pures et les carrières bien remplies ? — Sauvez donc votre foi, jeunes gens, si vous voulez garder quelque chose de fixe au milieu de l'incessante mobilité des systèmes et des idées ! Et pour sauver votre foi, gardez votre vertu ; et pour bien garder la citadelle qui la protége, mettez Dieu de faction avec vous, non pas le Dieu abstrait du scepticisme philosophique, mais le Dieu toujours vivant de nos tabernacles, qui, s'étant fait homme une fois pour être tout à tous, se fait chaque jour Eucharistie pour être tout à chacun !

Tel est l'enseignement qui nous semble découler de cette rapide Étude. A présent que nous l'en avons déduit, qu'il nous soit permis d'adresser un dernier adieu à notre infortuné poëte, et de promettre à ses chants les plus purs, les plus universels par leur objet, l'immortalité. Il nous prêtera lui-même les termes de cet adieu et de ce bon augure.

Un jour qu'il débarquait en Italie, au moment où il posait le pied sur le rivage, il entendit une jeune fille réciter une strophe de ses vers, et, dans un transport de joie facile à comprendre, il entonna un triomphal *non omnis moriar* (1). Nous le reproduisons en restreignant à ses inspirations les plus religieuses l'espérance dont il est l'expression :

(1) Je ne mourrai pas tout entier. (Horace, liv. III, ode 24.)

Il est doux d'aspirer en abordant la grève,
Le parfum que la brise apporte à l'étranger,
Et de sentir les fleurs que son haleine enlève,
Pleuvoir sur votre front du haut de l'oranger.

Il est doux de poser sur le sable immobile
Un pied lourd et lassé du mouvement des flots,
De voir les blonds enfants et les femmes d'une ile
Vous tendre les fruits d'or sous leurs treilles éclos.

Il est doux de prêter une oreille attendrie
A la langue du ciel que rien ne peut ternir,
Qui vous reporte en rêve à l'aube de la vie,
Et dont chaque syllabe est un cher souvenir.

Il est doux, sur la plage où le monarque arrive,
D'entendre au flanc des forts les salves du canon,
De l'écho de ses pas faire éclater la rive,
Et rouler jusqu'au ciel les saluts à son nom.

Mais, de tous ces accents dont le bord vous salue,
Aucun n'est aussi doux, sur la terre ou les mers,
Que le son caressant d'une voix inconnue
Qui récite au poète un refrain de ses vers.

Cette voix va plus loin réveiller son délire
Que l'airain de la guerre ou l'orgue de l'autel ;
Mais quand le cœur d'un siècle est devenu sa lyre,
L'écho s'appelle gloire et devient immortel ! (1)

(1) Nouvelles Méditations — *Salut à l'île d'Ischia.*